AF218193

Gramática de mi madre

Gramática de mi madre

Almudena Sánchez

Ediciones La uÑa RoTa
Colección Libros Inútiles

Gramática de mi madre

Primera edición: abril de 2024

© 2024, Almudena Sánchez

Diseño de cubierta: Eduardo Jiwnani (La Luz Roja)

Maquetación: Arcadio Mardomingo

© 2024, de la presente edición:
Ediciones La uÑa RoTa, S. L.
Apartado de correos 380
40080 Segovia
Correo electrónico: ediciones@larota.es
www.larota.es

ISBN: 978-84-18782-47-3
Depósito legal: SG 49-2024

Impresión: Villena Artes Gráficas
Printed in Spain – Impreso en España

ÍNDICE

III
EL GESTO DE AGACHARSE

Para Andrés cantando.
Para Teo bailando.

Los padres nos conectan –por encerrados
que estemos en nuestras vidas– con algo
que nosotros no somos, pero ellos sí: una
ajenidad, tal vez un misterio, que hace que,
aun juntos, estemos solos.

RICHARD FORD

Me hice ligeramente a un lado, hacia donde
mi padre acababa y mi madre empezaba.

LOUISE GLÜCK

Yo quiero andar
con los zapatos
en las manos,
en este desamor que
también es autonomía.

LUPE GÓMEZ

A PROPÓSITO

Siempre he intentado evitar a mi madre. Que no me viera. Recuerdo esto desde los once o doce años. Son recuerdos difusos, pero hubo un punto de ruptura, casi una línea de salida (en la que nos colocamos las dos, como atletas profesionales) a partir de la cual empezaron las diferencias, aunque siempre habían estado ahí.

La línea de meta –un posible entendimiento– no ha aparecido aún.

Quizá sea la muerte; la mía, la suya, la de las dos. Quizá esto que escribo.

Escribo porque quiero que me cambie la vida, al menos, un poco. ¿Quién no busca una reacción detrás de un texto? La escritura como concepto mecánico y sucio, lleno de tornillos sueltos, tuercas que no encajan, olor a quemado y ruidos de fondo.

Un coche que se nos puede caer encima.

El calor de un motor.

La droga de la gasolina.

El brillo de una llave inglesa.

Trabajar mareada.

Un libro fallido es un accidente de coche.

Junto palabras –las uno y las desuno, las retuerzo y las expando– porque tengo un oficio de garaje y llevo una gorra chamuscada.

(A las personas interesantes les sale humo de la cabeza).

Empiezo a entender, poco a poco, que cada palabra es un protón, que lo que tecleo busca su propio neutrón y que me obsesiona la electricidad de vivir hasta el electroshock final.

Dicho esto:

Una niña en los años noventa –pongamos que yo misma– necesitaba de un cariño incalculable y una mujer casada de cuarenta y cinco años –imaginemos a mi madre–, lo mismo. En aquel tiempo, los hombres babeaban por Ana Obregón y Norma Duval. Yo leía revistas para chicas y me esforzaba en hacerme una trenza en condiciones, es decir: una trenza sexy.

Media infancia soñando con una trenza sexy.

Mi madre limpiaba pescado, sola, en la cocina.

De fondo, sonaba la televisión, una música melódica, un tarareo, *Agujetas de color de rosa,* y Raffaella Carrà se lanzaba a los escenarios con devoción.

Chicas, haced el amor (en el Sur).

Chicas, las piernas se pueden abrir y cerrar sin miedo.

Las referencias femeninas eran vagas, por no decir inexistentes. Recibí tantos mensajes contradictorios por parte de la tele, de los libros que iba leyendo, de mi madre, de mi familia, de mis amigas, de la familia de mis amigas, de Claudia Schiffer, Britney Spears y las monjas de mi residencia, que la inmensidad me tragó un día.

Uno de mis rasgos distintivos era el de enseñar el ombligo. Lo hacía sin saber muy bien el porqué.

Ni mi madre ni yo teníamos cariño suficiente alrededor. Durante unos meses, me dio por enterrar a mis barbies bajo el musgo.

Posiblemente, quería sepultar la condición femenina.

La intransigencia y las libertades.

Que las lombrices se comieran aquella dificultad que consistía en ser *una chica de los noventa*.

Por supuesto, nunca me atreví a preguntar a mi madre por la regla, ese torrente sanguíneo que estaba por llegar. Ella tardó mucho en comprarme un sujetador. Un día quise saber cómo se enharinaban los boquerones, pero me sentí machista y me callé. Me quedé sin saberlo. Mi madre me miraba mucho, pero rara vez iniciaba una conversación. Me miraba y me miraba como si me fuesen a salir goteras. Yo no preguntaba nada. De hecho, los dibujos animados me enseñaron que una niña que pregunta es *una niña impertinente*.

El silencio reinaba y creaba sus largas distancias.

Las habitaciones de mi casa eran cada vez más grandes y el pasillo se volvió infinito. Mi madre estaba al fondo. Para llegar hasta ella, me desintegraba por aquel pasillo inconcluso (de hecho, lo que queda de mí es lo que veis) y, cuando llegaba hasta mi madre, tenía sed. Me hubiera bebido un lago.

Empezar a hablar con mi madre siempre ha supuesto una desilusión previa. La recuerdo recolocando cuadros. Cuando no estaba en el interior de la casa, estaba fuera y la recuerdo, entonces, barriendo agujas de pino.

Mi madre no era rubia. Ni una ni otra sabíamos posar. Nos depilábamos mal. Si íbamos a la piscina, nuestro pelo se secaba extraño. Había atisbos de amor entre nosotras, abrazos esporádicos, ráfagas de besos púdicos y agotamiento general.

Cuando dos mujeres no se sinceran, tienden a separarse. Y yo no iba a acatar el protocolo de las apariencias. Por ello, muy pronto comencé a salir de su órbita y de su espacio a contraluz: busqué situarme en el lugar contrario a la madre que, de forma natural, es la hija rebelde.

Si ella recolocaba cuadros, yo barría agujas de pino.
Si ella barría agujas de pino, yo recolocaba cuadros.

Desde entonces, mi madre tiene unas arrugas muy marcadas en la frente, como de decepción general. Siempre me sentiré dentro de ellas: es un barranco que me pertenece.

Es el acantilado al que acudo a gritar. Y cada día grito diferente.

Qué nos ha pasado, grito.
Y es un grito que ni se acaba ni se agota.
Es el grito maternal.
Ahhhhh.
Demonios.

Mi madre y yo habitamos un círculo que no puede escapar de su condición geométrica. Todo empieza en una esfera y termina en ese mismo redondel catártico: el embarazo, las relaciones familiares, nuestro cráneo abombado, la pupila del ojo que busca el horizonte, la vida y la muerte. Puede sonar esto inadmisible o adolescente, da igual.

Así suena, como un clavicordio: visceral y funerario.

Existen campos semánticos contrarios.

Por eso me interesa la gramática. No es exacta.

Puede resultar desagradable, así, a bocajarro, esto que cuento. Hay madres y madres. El tema de estas páginas, quizá, sea la insatisfacción. O la lucha. O las lágrimas fósiles. O las montañas. O el escorpión que habita bajo la roca puntiaguda y se despierta en posición de defensa. O la infancia, otra vez y otra vez.

Y otra vez.

Últimamente, cuando me siento a escribir, regreso al confesionario, al catolicismo y a la vergüenza.

Escribo ante un cura malo. Un sacerdote misógino.

Este libro huele a incienso. A hostias mal digeridas. A pecado capital.

Cuando era adolescente, lo confieso, era carne en movimiento, inseguridad, músculo y heridas de sol. Y al mismo tiempo era *la vida a rabiar*. Y ahí estaba mi madre como un umbral innecesario, postrada e inánime, esperándome y mirándome a través de su catalejo.

O más que un catalejo: un calidoscopio, allá donde se superponen cristales rotos, girando y girando, y se compone una especie de universo infantil.

Mi madre es una puerta que he cruzado. La herencia de la herencia. No me extraña que le interese cómo llevo el pelo. Cómo se me ondula. Si tengo un michelín o dos, tres novios o un amante. Si me río y un diente es más amarillo que otro. Si quiero ser madre tras ella, porque ella sería entonces abuela y es algo que sale de mí, por tanto también de ella y en esa espiral no hay raciocinio.

Vivimos en la concha de un caracol pegajoso.

He cruzado una puerta.

Cruzar una puerta conlleva:

1. Acercarnos a ella y comprobar nuestra estatura diminuta.
2. Traspasar una cortina.
3. Enredarse en el interior de visillos espirituales.
4. Tirar o empujar (aquí entra en juego la capacidad psicomotriz).
5. Girar el pomo heladísimo de la puerta.
6. Torcer la muñeca.
7. Retorcerse una misma.
8. Coger impulso.
9. Entrar en otra dimensión.
10. Respirar un nuevo aire, envolverse en otra luz.
11. A veces, mirar al suelo por si hay un escalón imperceptible.
12. Dejarse llevar.
13. Cerrar la puerta o esperar a que lo haga el viento.

Y estas son las instrucciones para cruzar una puerta.
Y para cruzar una madre, también.

I

AFONÍAS

PROTESTO

Incluso tú y yo, madre e hija,
partimos de la nada.

Protesto:
todo pertenece al vacío
y el vacío no hace más que electrificar
nuestras espaldas raquíticas.

¿Percibes ese rayo inútil?

Dios es un cráter. Nosotras, un descampado.

Protesto ante el asqueroso papa, el asqueroso obispo
y la sede central del asqueroso gobierno
y doy vueltas alrededor de un alcornoque
mustio
e imperfecto,
con cuatro ramas torcidas
que imitan una especie de abecedario:

abecede / e / hache / i / jota / ka.

Quiero aprender a leer de nuevo.
Aprender otra vez
y otra
y otra.

Las vocales.
Estoy aquí para pronunciar frases feroces
en los bordes de un acantilado
y para hacer retumbar palabras
como *purgante, marítimo* y *sideral.*

Protesto y bostezo.

Protesto.
Y me duermo.

Me despierta tan solo este empeño,
esta rabia
que consiste en generar
tardes idénticas de belleza catastrófica.

SUN IS COLD AND RAIN IS HARD

Me basta con poco para deshacerme.

Podrías escuchar rock, palidecer y cantar
Have You Ever Seen the Rain?

Podrías retroceder tres pasos
sin saber qué hay detrás.
Todavía existen caminos
que no han sido asfaltados:
esa es la alfombra que yo piso,
una moqueta rasposa
como mi propio vientre
o mi vesícula.

Me considero una fugitiva testaruda.

Se enciende mi espíritu
a modo de vela aromática.
Me intoxico de relámpagos
si miro mucho al cielo,
siempre devorador
repleto de constelaciones rabiosas.

Lo que quiero decir es
que me fascinan los gestos irracionales.
El delirio a propulsión.

Los cánticos y la penumbra.
Me retuerzo con dignidad.

Hueles a alimentación y a lavadora.
Eres un desconsuelo ardiente.

En las profundidades,
en el interior de un túnel soñoliento,
solo en las catacumbas,
acepto abrazos de madre.

PROCESO DE EXISTIR

Sucede que comienzo una frase
y tú la acabas
y ya no sé quién dice qué.

Si nuestra boca es la misma,
si ya adivinabas mi frase
cuando daba vueltas en tu útero,
en tu barriga,
entre tus muslos,
por todas partes de tu cuerpo blanco y silvestre,
sin sentido
ni control alguno.

No obstante, nunca ha habido
ni habrá
voltereta más certera
que ese centrifugado musculoso y fluvial
entre nosotras.

REGALOS DE COMUNIÓN

Cosas que poner en una percha,
por ejemplo, murciélagos dormidos.

Y un reloj
y otro reloj
y otro más, de naturaleza digital.
Y uno de pulsera
y el derretido de Dalí
y uno con un cuco verde
histérico y mordaz
y un sujetador
que no es de mi talla.

Tengo el pecho ametrallado.

Una calculadora
que registra mis pérdidas
incalculables

de amigas rubias,
perros mezclados,
libros leídos con aceleración,
peinados que se deshicieron
jugando al escondite.

Mi coleta nunca tendrá la poesía
que tuvo a los seis años.

Si enciendo y apago
aquella calculadora *científica*
water protect y resistente al polvo,
el resultado es siempre el mismo:
un maldito escalofrío
que me impide hablar.

¿Por qué no habla esta niña?

Miss Mutis me apodaron
en un campamento estival
a la luz de un farol
al que se acercaban insectos
que morían al instante.

Qué planeta tan heliocéntrico.

He visto alas quemadas,
he corrido por los pasillos resbaladizos
de la orfandad
con ellas en la mano
para enseñártelas, mamá.
Si las tocas, crujen,
si las masticas, se disuelven
y, si las tiras al contenedor,
arden voluptuosas.

Siento fiebre.
El termómetro se rompe en mis axilas.
En mis labios.
En mis sienes.
Soy hija del calor
y de una olla hirviendo.

Podemos reanudar el cóctel,
llevo cinco relojes en la muñeca:
cada uno marca una hora distinta.

Las seis, las doce, la hora del diablo,
the blue hour y *the golden hour.*

Solo hay una verdadera fiesta aquí.

Es la fiesta del crecimiento vertiginoso
mientras crepita el fuego.

MASCULINIDAD

Crezco y es grande la desilusión:
las orejas son las de mi padre.

CUERDAS VOCALES

Dicen que hay enfermedades
que las quiebran.
Tu timbre y mis vocales
discutiendo
son astillas que caen de punta.
Otra lluvia densa.
O periquitos muertos
estrellados contra una tapia
donde graban los enamorados
sus iniciales vertiginosas.

Los domingos
creo que me quedaré sin voz
de tanto que tengo que decirte
y no puedo,
no procede,
no me sale
ni mordisqueando
las grietas de la pared
de mi cuarto infantil.

Somos amantes afónicas.

PUERTAS COMO CUERPOS

Me enamoro mucho, muchísimo.
No veo más que enamoramiento hasta en los cristales quebrados.

Tú: En vez de acompañarme en el peligro te quedas muda y rara mientras maldigo lo cotidiano matando hormigas. Insulto a la campana de la iglesia. Le grito a la vecina: *¡Esplendor, esplendor!* Me derrito por los trigales y abro puertas como cuerpos, beso almohadas y alucino con la luz, que es sensacional y perfila el suelo y las paredes y los jarrones.

Y me apuñala a mí, porque estoy enamorada, mamá.

Reluce mi rodilla. Relampagueo bajo las sábanas. Implosiona mi vida: se aligera y se expande. Cualquier tacto me altera: acaricio el asfalto abrasador. Y me quedo dormida en el tobogán de un parque periférico, abrazada a un gato que tatúa estrellas en mis brazos de niña virgen.

Tú: Bajas la persiana, anuncias que mañana será otro día y añades *que ya iré creciendo.*

ODONTOLOGÍA

Caminas y pisas luces:

aplastas sol.

Te sigo con mis mocasines remendados.
Vamos al dentista.
¿Hay cosa menos poética, mamá,
que andar rápido para sacarme una muela?

Y disculparme por el retraso.
Y oler a menta artificial
con el moflete anestesiado,
absolutamente herida.

Mi pregunta no se oye,
se disuelve en el caos transparente
o en la espesura del cosmos,
allí donde se agrieta,
bifurca,
expande
y se acumula
lo no respondido.

La curiosidad llora con amplitud.

Yo lloro detrás de ti
y un niño lo hace detrás de mí.
Llora piedras redondas
como meteoritos azules.
Detrás de él, un señor
se encoge de hombros
dentro de una gabardina Pierre Cardin
que le llega hasta los pies.

Parece una enorme bolsa de basura.

Si vuelvo a mi pregunta,
aquella que te lancé a los trece años,
concluyo que se evaporó
en el aire denso de los domingos
y que revive
cada vez que resopla
un bisonte australiano
en algún lugar de Arizona.

Observa el ritmo de la pradera:
su reloj es el viento.

Qué haremos,
dónde colocar,
cómo proteger
nuestro pequeño ataúd de flores blancas.

DICE BORGES

Dice Borges que solo una cosa no hay.
Y es el olvido.
Sin embargo, me voy olvidando de todo
de forma atroz.
No recuerdo el olor materno:
esa mezcla de leche y miedo
que estallaba los domingos
y me dejaba exhausta
tumbada sobre la alfombra,
como un bolo recién derribado.

No soy consciente de haber sido mecida
por unos brazos.
No sé a qué huele el almizcle
ni cómo abrazar a la gente:
si se debe apretar mucho
o no apretar casi nada
un cuerpo humano.

Me escabullo
y sufro tres tipos de temblores:
el del labio superior,
el del labio inferior
y el de la indefensión contenida.

No sé patalear.
Me limito a poner un pie detrás del otro.
O a quedarme patidifusa,
así como encarcelada, ante tus ojeras
de madre patria
que me hablan
en el idioma de todas las madres.

Nos comunicamos en latín
grosso modo,
in ictu oculi,
in memoriam
en busca de una gramática
prehistórica
impracticable.

Nuestro lenguaje me conmueve, sinceramente.

CUALQUIER FUEGO

Enciendes lumbres,
velas de cumpleaños,
la pipa de un señor,

y la llama explosiona.

Cualquier fuego te ilumina.
Eres una foto disparada hacia el horizonte.

Hacemos una hoguera de San Juan.

Tú estás a un lado, robusta.
Yo al otro, febril.

Colecciono cenizas en los bolsillos.

Cuando empieza a oler a chamusquina,
no sé si saltar la hoguera
o encender bengalas fugaces, solitarias,
centelleantes y magníficas
y correr intoxicada de ímpetu,
flamígera perdida,
montaña arriba y abajo,
con los dedos incendiados.

DESORDEN

La fuente expulsa el agua con fuerza.
Me agarro a esa corriente con resignación.

Cuántas veces me hubiera gustado ser
hidráulica.
Una ventana por la que entrara el viento
que arrecia
y extiende el polen primaveral.

Las cortinas son casi un pájaro.

Si el mundo no está desparramado,
no me interesa.
Si no se escuchan mil ruidos a la vez,
no me interesa.
Floto en el desorden
como un pato en su charca.

Mira el pantano,
se asemeja a nuestro cubo sucio de fregar.

Una persona a la que quiero
afirma que el desorden
es siempre un orden enamorado.

La incorrección me mira con ojos tiernos
y yo le chupo las pestañas
con actitud desamparada
y una moneda de diez céntimos
en el bolsillo de mi chaqueta.

Me conformo con oír a las cosas,
caer
y después tintinear.

VENENO

Toco el piano para que oigas

do-re-mi-fa-sol

y tu orgullo electrifique
los guantes de podar.
Y de la tela de los guantes
salga un rayo
que parta en dos el ciprés,
la palmera y el cactus aburrido.

Cuánto jardín
para tan poca catarsis.

Si me trago tus semillas
a golpe de medicamento
es para que florezca algo
dentro de mi estómago:

un magnolio.

He hablado con mis tripas:
son peores que mi cabeza
cuando imagina ecosistemas
y bandadas de estorninos
volando por ahí.

El otro día vi un hierbajo
indomesticable.
Era hermoso entre tanta pulcritud.

Ojalá una serpiente nos vigile hipnótica
y nos quedemos inertes,
algo erizadas,
compartiendo ese terror salvaje.

FÚTBOL

He soñado que le dada una patada a un sacaleches.
Y metía gol en una portería ajena, llena de hombres que se
tapaban los genitales con las manos. Al despertar, he pen-
sado que somos vacas que caminan erguidas. Solo nos falta
la pradera inmensa, el verde fosforito de los campos, el
sol cansado a media tarde, las flores mustias y un extraño
mugido de libertad.

II

UNA ESPECIE DE PEGAMENTO

ANIMALES RUMIANTES

Vivo con tu pellizco en la espalda.
A veces lo percibo más
cuando me rebelo
inhumana
y me pregunto
si un semáforo es también una madre.

Deseo despegarte de mis
omóplatos,
arrancarte de mis
vértebras,
olvidar tu beso eterno
en la nuca
y tus ojos de piedra
ante mi avance
desequilibrado y kamikaze
hacia los árboles del bosque.

Te comparo con esas figuras griegas
que me enseñaron en los libros de texto
a las que les llenaba la cabeza
de goma de borrar.

Luego soplaba fuerte.

Mi pupitre infantil fue un lugar
completamente nevado
de precipicios insondables
que maldigo
y echo, con frecuencia,
de menos.

Allí escribí mi primer poema.
con un lápiz mordido.

Un profesor me mandó al rincón:
a resarcirme
y a pensar.
Y a pensar mejor.
Y a pensar *razonadamente.*

El poema se borró solo de la mesa.

Una ráfaga tiene la misma duración que un lamento.
(Expresado en términos numéricos: $x \bullet y = 400\ 000$).

Tras tantos castigos,
me volví filosófica y onírica
como un animal rumiante
pastando en llanuras estériles.

Una vaca, un ciervo o una cabra
solo se concentran
en el ruido que emiten
cuando mastican.
Y su única tarea consiste en digerir:

digerirlo todo.

REMEMBER NACHO VEGAS

Te diriges a mí y me preguntas
por la *felicidad* de mi *libertad,*
dos palabras que no entiendo,
que no entendemos,
que jamás entenderemos.
Y cuando digo jamás es jamás.

(Me acuerdo de Nacho Vegas).

Una sartén nos observa:
vieja, aceitosa y ahorcada
desde el gancho más alto de la cocina.
Tiene la expresión invariable
de las caras planas
en proceso de sequía.
Y óxido en los pómulos,
además de un brazo de metal.

¿Acaso no es, mamá,
esa sartén
una figura impávida
a la que abrazarse en los días trémulos?

Da calor.
No tiritará sobre ti.
No / se / rompe.
No / se / dobla.

Lo ha aguantado todo:
como tú,
como yo.

Tú querías
una hija de acero inoxidable.

Alzo mi copa hacia el cielo
y me acuerdo otra vez de Nacho Vegas,
de su mandíbula afilada.
Todavía alguien canta a los gorriones.

Esta escritura fragmentaria,
irregular, que dirían los expertos,
pulverizada, que diría un fumigador,
te la debo a ti.

Este *casi contar,* este *tartamudeo*
que deambula entre mis libros.

Rompo a llorar entre dos palabras
porque tú querías,
tú soñabas y anhelabas
una hija de titanio,
algo parecido a una cirujana sonriente.

HERENCIA

Me salen tus gestos ininterrumpidos por otros gestos que invento para diferenciarme de tus despistes y revoloteos. Y cambio la articulación de la cara y me maquillo la arruga frontal y la del perfil oblicuo y pongo las cejas arqueadas y en la mandíbula una férula de descarga, a pesar de que ya sé lo que me ocurrirá en la cara cuando cumpla cincuenta años: se me derretirá y tendré que elevarme los pómulos y acudir a esos sitios que prometen perfecciones simétricas con actitud insatisfecha. Quiero creer que he parpadeado distinto y que he llorado distinto mirando al cosmos y que he hecho el amor de otra manera más ferviente y acompasada. Y este discurso entero es por una sola causa, una molestia eterna, ya que cuando me asaltan con la frase «te pareces tanto a tu madre» no tengo más respuesta que un obvio, tímido, posiblemente insensato «sí, pero es que no soy ella».

LOS PLIEGOS

Madre que miras a un punto fijo.

Se te arruga tanto la frente
que tengo ansias juveniles
de plancharte la cara.

FÓSFORO

Te obsesiona el fósforo del pescado.
Compras carros de peces congelados
y llenas mi cuerpo de fósforo para la inteligencia.

Y me hablas de las propiedades del fósforo
y del calcio.

Y eso es todo de lo que hablamos
nosotras, de química, mamá,
mientras se deshacen glaciares en el Ártico
y un camello escupe
la última brizna de hierba seca
por un acantilado.

COMPONENTE ULTRAVIOLETA

Tu sombra deslumbra a mi sombra.
Odio la luz insoportable, picuda e inútil
–un pájaro carpintero sin alas–
que la hace más negra y arrolladora.

Nos zigzagueamos con desesperanza.

Tumba dentro de mi tumba:
consigues que mis pies lloren
y que a medianoche nos brillen los dientes
como a dos vampiras fracasadas
en una discoteca
                  de las afueras.

RECUERDA, LOS CIERVOS

Mi madre me suplicó
(en realidad, mamá, te recuerdo suplicándome fuerte,
suplicándome eterna),
con el cielo puesto en el grito
y el grito en el cielo
—tu vida es mi vida y mi muerte es tu muerte—,
que prestara atención a las señales.
A las señales de tráfico.

Y yo presté atención a una señal en concreto:
a la señal del ciervo, del ciervo
saltando,
cruzando la carretera,
del ciervo en propulsión, saliéndose
de la señal,
desvirtuándose de los diez mandamientos,
esquivando campos de minas,
rozando el universo, casi
acariciando la Vía Láctea,
entrando por el ventrículo derecho
de mi corazón destrozado y palpitante
que susurra: *vieeeeeento freeeesco.*

Un ciervo adentrándose
como un susto en mí.
Como una enfermedad desconocida.

Si me operan del corazón,
me extirparán un ciervo que salta.
Que se abalanza
sobre las cosas nerviosas.
Que trisca por los campos.
Me arrancarán un estado de ánimo
con toda su literatura.
Y el sonido de las palabras.
Me amputarán madre y pensamiento.
Me anularán percepción y deseo.
Me dejarán quieta en una alacena.

Por una vez que te hago caso, mamá.
Por una vez.
De nuevo, no nos hemos entendido.

TRÍPTICO DE LO QUE NO

Tres cosas no acaban nunca.

La guerra.
La sed.
Y la madre.

EL HUECO FUNESTO

Llegamos al pueblo de la mano.
Me fijo en cómo me agarras:
podríamos partir una nuez
con nuestros dedos anudados.

Nos llenamos de venas.

Tengo miedo de que se confundan
tus conductos con mis arterias.
Mis músculos con tus ventiscas.
Tus glándulas con mi mentón.

Mi barbilla apunta hacia los callejones

misteriosos

de la tarde que se desmaya
ante nosotras dos
como una princesa infectada.

No puedo parar de mover
este cuello dislocado
de un lado a otro.

Entre tu mano y la mía
se divisan
pequeños sótanos de oscuridad
por los que merodean osos hambrientos,
borrachos de pena.

SOBRE LA BRUSQUEDAD

No sé nada de mi parto.
Sin embargo, intuyo
que nuestro cordón umbilical
lo rompieron con brusquedad.

AIRE DE MADRE

Me haces trenzas desde que nací.

Tu pelo es un plumero de tareas domésticas.
El mío se asemeja a la cola de un búfalo.
Muevo la cabeza, la transformo
en una columna viviente.
Busco destellos, imito a las jirafas,
me deslizo y pienso
en los límites de mis articulaciones.
La estrechez.
El enfoque final de mis pupilas
endiabladas.

Rompo las cortinas con tan solo escrutarlas.
Te cuento que me seduce
lo que no soy capaz de observar
con detalle de insecto
que vuela torcido.
Porque el problema, mamá,
es que cada vez hay más cosas
–y también menos–
que nos envuelven
cuando estamos vivas.

DICCIONARIO FAMILIAR

Sinónimo de madre:
no lo hay.

RELATIVO A LA GRAVITACIÓN

Nuestra calma consiste en no tocar
temas con aristas: opinativos, locuaces,
que distraigan esta languidez.

Y el verano se vuelve largo como un seto.

Al encontrarnos por la casa
(el césped se incendia de maldad)
nos tornamos esquivas:
somos nebulosas.

No tengo escapatoria,
puesto que, si una atmósfera es esto,
tú y yo somos su ráfaga más feroz:
las partículas que vuelan
y las que se caen.

Esa bruma iridiscente
que se pega a los objetos
y que con el tiempo los quiebra
en mitad de la noche
y que se traduce
en un chasquido fantasmagórico.

III

EL GESTO DE AGACHARSE

POEMA TEXTIL

Estudio matemáticas.
Tú coses botones
de camisas a rayas.
Nos une, ahora, el ser fructíferas.

Geométricas.

Me revoluciono al comprender
que hay líneas paralelas
que nunca se tocan
ni se tocarán jamás,
ni siquiera en los confines del universo.
En ellas se inspiraron
los cables de alta tensión
que van por encima de nuestras cabezas.

Continúas cosiendo botones
que se pierden por los suelos.
Yo los recojo
con actitud contenida.
Hay actos
que requieren cierta delicadeza
de manantial.
Y luego beso sus cuatro agujeros:
una diminuta constelación.

SIMULACIÓN

Si se cae un plato,
vas corriendo a recogerlo
igual que si se precipitara
un órgano humano
contra el suelo.

Y yo te sigo,
preparo mis dedos para recoger
restos de humanidad,
pues eso hacemos las mujeres:
recolectar pedazos y miniaturas
y vidrios rotos
y cacas de perro
y monedas de un céntimo.

Y tinieblas.
Y bebés medio atemorizados.

Me apartas porque detestas
que te imite con las manos.
Y me corte.
Y me salga sangre.
Y se me infecte.
Y me amputen el recuerdo
de que yo salí de ti
y tú me hiciste salir a mí

de tu grieta y alarido
con tantas ganas
como se agarra el cuervo
a la carne.

El olvido es una bomba atómica.

Yo soy una niña sentimental.

PRIMER ATERRIZAJE

Vivimos en un aeropuerto
donde los aviones quieren, pero deciden no posarse.
Nada es estable entre nosotras.

A pesar de esta suspensión polvorienta e inacabada
nos peleamos por el asiento con ventanilla.
Queremos ver nubes de cerca,
guardar en el ombligo un trozo de mar
donde se tambalea una medusa agónica.

Un graznido nos recuerda
que en este mundo
se vuela eternamente con sudor
y un constante
y eléctrico
miedo.

PLEGARIA

Déjame caer

rendida

aletargada

descompuesta

borracha

andrajosa

vulnerable y risueña

a tus pies.

LAS CUMBRES

Concibes la fortaleza como algo primitivo.

Subimos una cumbre,
me tuerzo el tobillo y continuamos
porque no es nada.
Nada es nada.
Ni este risco resbaladizo es algo.
Ni las nubes que acaban de traspasar nuestras caras
de abeto desolado. Y nos dejan las córneas
más blancas.
Ni la finura de mi camisa de algodón
que transparenta mis pezones, que saludan,
turbados.
Nada es nada.
Ni lo que sudamos.
Ni el dolor de no saber qué decirnos
a dos mil metros de altura
madre e hija.

Qué nos contaremos, mamá,
cuando nos entierren
juntas, esqueléticas, óseas,
embadurnadas en maquillaje.

Nuestras uñas creciendo a la vez.

LA SIEMBRA

Romper la cadena de madres
como se rompe la cadena del frío:
de un latigazo insolente.

Y que nada sea comestible:
ni la oreja del cerdo ni el rabo de un toro.
Que una gallina, nunca más, camine sin cabeza.

Romper la madre dentro de la hija
y la hija dentro de la madre.
Romper que nos engendremos
en cavernas coaguladas
de nueve meses de duración.

Crecer en la tierra
sin más inercia
que la de un arbusto indeciso,
entre el sol y la sombra
estéticamente húmeda.
Y que un niño me arranque,
de vez en cuando,
una rama ondulada y juegue con ella:

ser la espada de su Playmobil.

PERDÓN

¿Sabes lo que es temblar
y ver cómo se te caen las pestañas
y se las lleva la corriente
y se confunden con las hojas amarillentas
que mordisquean los pitbulls
y que todo se mezcle de tal manera:

los pañuelos usados,
las horquillas de las niñas
que una vez fueron felices
jugando a la comba en el patio
porque no sabían, todavía, que lo eran?

Que eran niñas.
Felices.
En volandas.
Cayéndose.
De rodillas.

Pidiendo perdón por algo (todavía no saben por qué).

(Se lo preguntan, durante los días nublados, a su
madre).

Un remolino insistente se muerde la cola.

LA INDECENCIA

Se me da bien la lengua castellana:
vibra en mi cuerpo.
Y en tus ojos militantes
se activa un dispositivo
duro y agreste
como la mirada
de una cazadora nocturna.

Porque la vida es firme y el lenguaje se me escapa
descarriado.
Hablo sola con las plantas
que están a punto de secarse.
Las riego con saliva,
infeliz y pegajosa.

Todo crece más rápido que yo
en este mundo loco,
despampanante de fulgores.

Palabras,
palabras,
palabras.

No quiero morir:
quiero marchitarme
y que caigan pétalos
de mi cabeza hasta tus pies.
Podríamos recogerlos juntas
y guardarlos en un bote
de aspirinas caducadas.

Al igual que Macabéa
en la novela de Clarice Lispector,
deseo vomitar una estrella
y regalártela.
Su tenue brillo contigo
mi ternura torrencial
tiritando a tu lado.

Otro intento más.
Una nueva estratagema
para que entiendas
esta temible y extraña vocación.

La enfermedad inquieta
del nervio contemplativo.

Tengo una boca que habla
fuera de mi boca
y bebe tinta sucia
en un charco del desierto de Kabul.

O quizá hable
por una cavidad esofágica
y narrativa.

Si me ves con los labios negros
es que tengo ganas de escribir.

Un anfibio me lame la cara
cuando sueño con esta suerte de abono
que me yergue y me defrauda
y no termina nunca.

Agradecimientos

A mis amigas, un poco madres y otras veces amigas. Un cariño indefinible en su punto justo.

A otras madres de mi misma sangre: Antonina y Almudena Jiménez.

A mis madres lejanas: Matilde y Sandra.

A Andrés, rockero místico.

A quienes leen poesía (y no solo los días de lluvia).

A mis gatos, que han ronroneado mientras escribía estos poemas.

A Jimmy, que ronroneó hasta el final.

A Toñi Arenas, Isabel González y a María José Codes, cachorras de verdad.

A mi madre biológica: sin ella no habría poemario ni escritura.

Gracias, Albacete, cuánto das y qué poco pides.

Esta primera edición de
Gramática de mi madre,
de Almudena Sánchez,
terminó de imprimirse
en abril de 2024.
«El mes menos cruel»,
según la autora,
objetando aquel célebre verso
de T. S. Eliot.